Was weißt du von Tieren?

Wieviele Fragen kannst du beantworten?
Lustig ist's,
hinter die Klappe zu gucken.
Da siehst du, ob du recht hast…

Verlag J. F. Schreiber · Esslingen

Welches Tier reicht so hoch hinauf?

Welches Tier ißt Bambus-Sprossen?

Wieviele Arme hat ein Tintenfisch?

Wo trägt Frau Känguruh ihr Kind?

Was ist groß, hat einen weißer Pelz und lebt am Nordpol?

Legen Krokodile Eier?

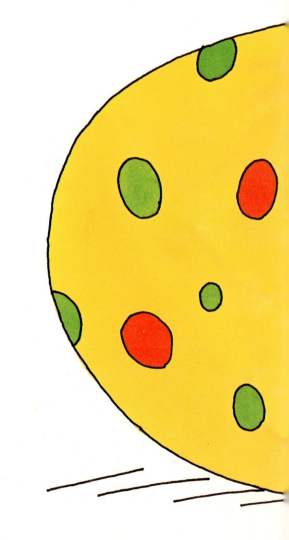

Welche gefährliche Schlange hat eine Klapper?

Welcher Vogel kann nicht fliegen?

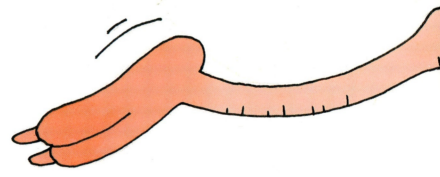

Welches Pferd lebt im Meer?